AF728311

5

PLANTATION
DE L'ARBRE
DE LA LIBERTÉ,
PAR LES ÉLEVES DU PRYTANÉE FRANÇAIS,
A LA MAISON DE VANVRES,

Le 16 Ventôse, an sept de la République Française, une et indivisible.

par Champagne.

BIBLIOTHEQUE ROYALE

L'ADMINISTRATION du Prytanée Français, avec l'agrément du Ministre de l'Intérieur, a fait l'acquisition de la maison et du parc de Vanvres, situés à six kilométres de Paris, pour les Eleves du Prytanée Français. Le but de l'Administration a été de remplir autant qu'il était en elle, les vues du Gouvernement, pour l'éducation de la jeunesse, en formant non seulement l'esprit des Eleves, mais aussi leurs corps, par tous les exercices qui conviennent à de jeunes Républicains. Cette maison située dans un air pur appartenait aux Condé. C'était là que depuis un siecle, ils élevaient tous les enfans de leur famille. La Gymnastique et les exercices du corps, sont devenus des parties essentielles de l'éducation dans une République, que tous, et surtout les jeunes citoyens, sont appelés à défendre. C'est là qu'à des jours marqués, les Eleves du Prytanée, s'exerceront par des jeux et des luttes, et se prépareront en acquérant de la force et de l'adresse, à servir un jour la République à laquelle ils doivent le bienfait de l'éducation. Le parc offre aussi un espace considérable propre à la culture. Il a été arrêté que plusieurs arcs de terre seraient divisées entre les Eleves, pour les former insensiblement aux travaux agricoles. La Constitution ordonne que tous les jeunes Citoyens apprennent un art : or le premier et le plus utile de tous, est l'Agriculture. Ainsi l'agréable sera réuni à l'utile, et cette maison deviendra insensiblement un Gymnase, et une école primaire et pratique d'Agriculture et de Botanique.

Le Ministre de l'Intérieur avait accordé 400 pieds d'arbres, pour remplacer les belles avenues qui ont été coupées il y a quelques années. L'Administration et le Directeur ont saisi cette circonstance pour donner aux Eleves une petite Fête Civique et Agricole. Il a été arrêté que le 16 Ventôse il serait planté à Vanvres un Arbre de la Liberté, les Eleves ont demandé la faveur de planter individuellement les autres arbres, et chacun d'eux a promis d'être le défenseur et le conservateur de celui qu'il aurait planté.

Le 16 Ventôse an 7 de la République Française une et indivisible, les Administrateurs, les Maîtres et les Eleves du Prytanée Français se sont rendus à la maison de Vanvres. Là en présence d'un grand nombre de parens des Eleves et de Citoyens, au milieu des cris mille fois répétés de Vive la République, pendant que des chœurs de jeunes Citoyens chantaient à l'envi des hymmes civiques de leur composition, l'Administration, et les Citoyens présens se sont avancés pres de l'Arbre de la Liberté qui allait être planté.

Le Citoyen Champagne, Membre de l'Institut National, et Directeur du Prytanée Français a dit :

JEUNES CITOYENS,

« Nous allons planter quelques arbres : pourquoi ces Fêtes et ces jeux ? pourquoi célébrons nous comme une solemnité une action si simple, et si journaliere ? c'est, Jeunes Citoyens, que la nature nous porte secrétement au plaisir, lorsque la main de l'homme se plait à orner son domaine. Or sa plus belle parure est celle de ces superbes végétaux qui semblent animer la terre, embellissent la demeure de l'homme, croissent avec lui, ce sont pour ainsi dire ses compagnons et ses amis. Certes les animaux, le chien fidele, le cheval ardent et docile, le bœuf laborieux et lent, la famille aimable des oiseaux, nous ont été donnés par la nature pour nous aider dans nos travaux, pour servir à nos besoins, souvent pour charmer nos peines, et même pour partager nos plaisirs. Nous les appelons domestiques : c'est qu'ils font partie de la famille, qu'ils ont comme nous la vie et le sentiment, et que par leur attachement et leurs services, ils méritent en retour nos soins et notre reconnoissance. Mais les plantes et les arbres surtout, ont aussi leur vie et leur sentiment. Dites-nous; dans quelques jours, lorsque tous ces arbres qui ornent ce paisible séjour de vos jeux, vont se couronner de fleurs et de verdure, n'est-il pas vrai, qu'il lui donneront une nouvelle vie, qu'ils vous sembleront respirer, qu'ils répandront la gaité au milieu de vos innocens plaisirs? ensuite ces arbres ne seront-ils pas vos bienfaiteurs, lorsqu'apres vos jeux et vos travaux ils vous couvriront dans l'été de leur ombre hospitaliere; lorsque l'hiver leurs branches enflammées vous préserveront de la froidure? ce sont les arbres encore qui offrent à l'homme leurs troncs solides pour construire ses demeures, qui lui prêtent leurs tissus fermes et fléxibles pour ses besoins ou ses arts, et qui lui prodiguent leurs fruits pour le nourrir. Sans doute les animaux nous touchent de plus près par la vie qui les anime comme nous, mais les arbres ne sont-ils pas aussi, comme je vous l'ai dit, nos compagnons et nos amis? aussi chez tous les peuples une sorte de sympatie, attache une volupté pure à planter des arbres, à les soigner. Les Anciens firent des Dieux des mortels bienfaisants, qui leur apprirent l'art d'embellir les arbres par la culture et la greffe. Chez eux la naissance d'un enfant, un heureux hymen, la perte d'un parent chéri, étaient marqués par la plantation de jeunes arbres, afin de rappeler à la mémoire de longs et de tendres souvenirs. Et vous aussi, Jeunes Citoyens, vous aurez d'heureux souvenirs à garder de cette douce solemnité. »

« Elle doit vous rappeler à jamais ce Prytanée qui aura vu se développer votre aimable jeunesse, votre moralité, vos talens. Ces arbres que vous allez planter, sont à-peu-près de votre âge : ils s'éleveront par votre bienfait et vos soins, comme vous êtes élevés par le bienfait de la Patrie. Si vous êtes vertueux, si vous honorez vos maîtres, vos parens, et la République, par vos talens et vos services, un jour vous aimerez à revoir ces arbres qui auront grandi comme vous en embellissant la terre qui les aura portés. Autrement vous fuirez loin d'eux; ils vous reprocheraient votre ingratitude. »

« Ce n'est pas tout encore. Vous voyez cette vaste campagne que la Patrie vous a donnée, et qui est pour ainsi-dire morte et stérile. Il faut qu'elle s'anime sous vos mains laborieuses, qu'elle se tapisse de verdure, qu'elle se couvre de fleurs, qu'elle s'enrichisse de plantes précieuses pour votre instruction et vos plaisirs. C'est à l'homme à orner lui-même sa demeure. Le travail, entremêlé de jeux, les rend plus piquans et plus doux. C'est le vœu de la nature, qui attache des plaisirs réels aux travaux agricoles : c'est le vœu de la Patrie, qui exige de vous que vous appreniez un art. Or, l'agriculture est le premier de tous, et sur-tout, c'est sur lui qu'est fondée la prospérité de la République. »

« Jeunesse du Prytanée, c'est par ces travaux variés que vous remplacerez dignement les enfans de ces princes superbes qui habitaient cette demeure, où ils promenaient, sans rien faire, leur orgueil ou leur ennui. C'est dans ce château que, pendant son enfance, fut élevé ce Condé, despote dédaigneux, qui disait que les hommes n'étaient faits que pour obéir à des maîtres; qui a fui au seul nom d'égalité; et qui s'est déclaré le plus cruel ennemi de la France. Fils adoptifs de la Patrie, vous purifierez ces lieux, en les faisant retentir des noms chéris d'égalité et de liberté, en y proclamant votre reconnaissance et votre amour pour la République. C'est dans l'avenue que vous allez planter, c'est ici sur cette terrasse que ce même Condé, dans son enfance, se formait à la guerre, et commandait un bataillon de cinquante enfans nobles, que la flatterie et l'orgueil appelaient alors l'espoir de la monarchie. Il faut qu'ici, sur cette même terrasse, dans cette même avenue, formés au travail et aux exercices des hommes libres, vous vous rendiez dignes d'être proclamés un jour l'espoir de la République. De même que ce Condé, et sa cohorte, ont fui depuis six ans devant vos peres et vos freres, de même il faut que les enfans de ces traîtres fuyent aussi à jamais vos regards et vos armes républicaines. Qu'ici donc, dans ce même lieu, où tout rappelle le souvenir du despotisme, s'élève par vos mains l'arbre chéri des Français libres, qui rappellera à vos descendans la gloire de vos peres, et ce que vous aurez fait pour les imiter. Vous cultiverez sur-tout cet arbre, sans cesser de soigner les autres. Vous les aimerez tous, parce qu'ils seront vos éleves. Vous les défendrez contre toute espèce d'attaque et d'ennemis. Surtout vous vous persuaderez bien que quiconque conserve un arbre utile, fait un acte de justice et presque d'humanité, et que quiconque lui ôte sans motif sa parure et sa vie végétale, n'est qu'un être mal-faisant et presque inhumain. »

Ensuite le Citoyen CAMBRY, Administrateur

du Département de la Seine et Président de l'Administration du Prytanée Français, a dit :

JEUNES ÉLEVES,

« Le Gouvernement, en permettant l'acquisition de Vanvres, a voulu fournir à la Jeunesse du Prytanée les moyens de se révivifier dans l'air salubre des campagnes. Tout croît, tout s'éleve, tout se subtilise au milieu des arbres et des fleurs. Le corps acquiert plus de légéreté, plus de souplesse, l'esprit plus de vivacité, et le génie plus d'étendue. Le grand spectacle de la nature, les mouvemens immenses du ciel, la variété des saisons, la robe de pourpre du printemps, l'hyacinte de l'automne, l'éclat éblouissant des neiges de l'hiver, inspirent, agitent, portent l'homme à l'enthousiasme, servent le poëte, le moraliste, le philosophe. C'est au sein des forêts que parlaient les Druides : c'est dans les champs que Pythagore, que les Sages de l'Inde, que les Gymnosophistes instruisaient leurs disciples ; c'est sur les rives des mers de l'Occident que les Bardes, les Scaldes et les Poëtes Erses nous ont fait entendre leurs chants sublimes. »

« Au milieu de ce chœur de grands hommes,

de ce concert universel, dans les beaux jours avant-coureurs du printemps, vous accourez, jeunesse intéressante, vous vous réunissez sur ce tertre élevé, qui doit un jour, par vos jeux et par vos travaux, acquérir un nom immortel. Vous vous réunissez, pour rendre vos premiers hommages à la nature, pour faire vos premiers sermens à la société, pour jurer à la face du Ciel une reconnaissance éternelle au Gouvernement, qui récompense en vous le dévoûment sacré de vos parens à l'établissement, au maintien de la République. »

« Que ce jour se fixe à jamais dans votre mémoire; que votre amour pour la Patrie croisse avec l'arbre que vous allez planter.... que cet accacia, emblême de la Jeunesse, s'éleve arrosé par vos mains pures et délicates. »

« Vanvres un jour sera pour la France une terre classique; d'heureux génies, formés par des maîtres habiles, deviendront les conservateurs du feu sacré sans lequel tout s'éteint, tout meurt. L'éducation, momentanément suspendue par l'intrigue, par le dernier effort des préjugés vaincus, reprend au Prytanée une nouvelle activité. La France n'aura bientôt qu'à l'imiter, et nous verrons renaître les siecles de lumieres avec une force de principes, avec des développemens jusqu'à ce moment inconnus dans le reste du monde, plus ou moins dominé par l'esclavage ou la superstition. Athênes avait ses hiérophantes, Rome ses aruspices, Lacédémone sa Diane taurique ! »

« Vanvres ne sera pas pour vous un simple lieu de délassement, de jeux insignifians, qu'il ne faut pourtant pas s'interdire. Vous vous y formerez aux premiers mouvemens militaires, aux exercices gymniques. Vous éviterez en contemplant, en étudiant les phénomenes de l'univers, le défaut des siecles passés, où l'esprit des enfans, courbé sous la férule, ne voyait la nature que dans les sublimes copies des Homere et des Virgile ; où l'on ignorait à vingt ans comment on labourait la terre, comment s'ensemençaient les champs. La botanique ici sera votre étude favorite. Vous apprendrez bientôt à connaître, à classer, à soigner tous les produits de nos climats et ceux que l'industrie tente d'y naturaliser. Ainsi mêlant à des connaissances utiles des idées douces, sentimentales et délicates, l'arbre que vous aurez planté sera pour vous un souvenir d'amitié, de reconnaissance et de piété filiale. Dans vos jeux instructifs, vous attacherez à ces beaux plans qui pyramident dans les airs, ou qui vous prêteront une ombre salutaire, l'idée, le nom des bienfaiteurs du monde, des Peres de la liberté française, et de ces hommes généreux qui vous consacrent leurs momens pour vous former à la vertu, à ce dévoûment patriotique sans lequel une République ne pourrait long-temps subsister. »

« Les Administrateurs du Prytanée mériteront aussi peut-être quelque amitié, quelque ressouvenir pour leurs soins paternels, pour le tendre intérêt que vous leur inspirez.... Je vous offre en leur nom un signe qu'ils vous prient de ne pas dédaigner..... un amandier, arbre trop confiant, qui livre ses fleurs délicates aux premiers rayons du soleil, et que les gelées du printemps frappent et punissent souvent de son imprudence..... un mûrier, qui résiste à la séduction des premiers beaux jours; arbre tardif, qui ne déploie son feuillage que quand il est certain du départ des frimats, et de la constance des beaux jours. »

« Le premier est l'emblême de la Légéreté, et le second de la Prudence. Qu'ils vous servent tous deux d'une douce leçon ! »

« Le peintre, dit-on, ne doit jamais passer un jour sans tracer une ligne, le maître sans donner un bon conseil, l'écolier sans en profiter. »

Apres ce discours qui a été acceuilli par les plus vifs applaudissemens, le Cit. CAMBRY *a élevé et placé l'Arbre de la Liberté, au milieu de mille cris civiques. Il a de plus fait présent d'une Médaille d'argent portant sur un des côtés,* Cultori aurea poma; *et à l'exergue,* Hortus Hesperidum, *qu'il a plaçé sous les racines de l'Arbre de la Liberté. Pendant la plantation de l'Arbre, des chœurs d'Eleves ont chanté les hymmes suivans.*

AIR DES MARSEILLAIS.

NYMPHES, Sylvains, Faunes, Driades,
Du Paganisme heureux enfans,
Et vous, légères Oréades,
Je vous invoque dans mes chants;
Divinités que l'on révere,
Aux champs, dans les bois, sur les eaux,
A ces modestes arbrisseaux
Prêtez votre appui tutélaire;
De votre aspect charmant embellissez ces lieux,
Venez, venez, animez-les par vos aimables jeux.

ET pourquoi recourir aux fables
De la brillante antiquité?
Quittons ces songes agréables,
Mais moins beaux que la vérité;
De ces Déesses étrangeres,
Laissons les Autels désertés;
Nous avons d'autres Déïtés,
Ce ne sont point-là des chimeres.
Venez, sexe charmant, embellissez ces lieux,
Venez, venez, et présidez à nos aimables jeux.

FAIBLES et privés de feuillage,
Un jour ces frêles arbrisseaux,
Vous couvriront de leur ombrage
Et de leurs fraternels rameaux;
Aujourd'hui, bien faibles encore,
Comme eux cultivés au printemps,
Vous donnerez, jeunes enfans,
Les fruits que promet votre aurore.
Croissez, enfans chéris, embellissez ces lieux,
Croissez, croissez, animez-les par vos aimables jeux.

ENFANS, chérissez la nature,
Recherchez les ombrages frais,
L'ami des fleurs, de la verdure,
Ne médite point de forfaits.
L'homme corrompu de la ville
S'endort sous des lambris pompeux;
Mais d'un cœur pur et vertueux,
Un ombrage vert est l'asyle.
Croissez, arbres chéris, ombragez ces beaux lieux,
Croissez, croissez, que vos rameaux se perdent dans les cieux.

GOUTEZ les plaisirs de vos âges
Au sein de ces lieux enchantés;
Bientôt de ces riants bocages
Enfans vous serez écartés.
Mais quand, las d'une pompe vaine,
Vous fuirez le monde à son tour,
Venez vous embrasser un jour
Sous leur ombre contemporaine.
Croissez, arbres chéris, ombragez ces beaux lieux,
Croissez, croissez, que vos rameaux se perdent dans les cieux.

Par le C. CHEVALLIER, *Maître d'Etude au Prytanée.*

AIR, VEILLONS AU SALUT DE L'EMPIRE.

AMIS, notre fête commence,
Plantons ces jeunes arbrisseaux;
Le printemps qui déjà s'avance,
Sourit à nos faibles travaux.

Un jour nos neveux, jaloux de notre destinée,
Sauront qu'en ces lieux, pour former un nouvel Eden;
La nature et le Prytanée
S'unieront par un doux hymen. (*bis.*)

Pour nous une sage tutrice
Prodigue ses soins bienfaisans,
Ormeaux, notre main protectrice
Soignera vos rameaux naissans.
Elle veille sur nous, notre bonheur est son ouvrage;
Nous veillerons sur vous; comme nous vous êtes enfans;
Que bientôt votre jeune ombrage
Fasse bénir nos jeunes ans. (*bis.*)

Mais si des arts ou du courage
Nous pouvons obtenir les prix,
A vos pieds, sous votre feuillage,
Vous viendrons en goûter les fruits:
Couronnés de fleurs, le cœur pour vous toujours fidele,
Avec quel plaisir, de vos rameaux hospitaliers,
Nous verrons l'ombre fraternelle
Se jouer parmi nos lauriers. (*bis.*)

Par le C. Julhes, *Eleve de Mathématiques.*

D'autres Eleves ont lu des morceaux de prose de leur composition.

Vous connaissez tous le plaisir qu'on éprouve dans la campagne: les arbres, les plantes ont une éloquence muette qui parle à l'âme, la moindre production de la nature, si vous y donnez votre attention, vous paraît une merveille, et vous jette dans le ravissement et l'admiration :

Or, que peut-on voir de plus beau dans la nature, que les abres et les plantes? sans les premiers, comment pourrions-nous construire ces superbes édifices qui honorent la Patrie et ces chaumieres mêmes, retraites ordinaires de la vertu? Sans les plantes, comment pourrions-nous subsister; ce sont elles qui embellissent nos jardins, ce sont les arbres qui en font le plus bel ornement. Quelle joie inexprimable ne sentirons-nous pas tout à l'heure en plantant chacun un arbre qui portera notre nom : avec quel zele nous veillerons à sa conservation, avec quel intérêt nous le contemplerons, en songeant que ce n'est pas seulement pour nous que ses branches étaleront leur épais feuillage, mais encore pour nos amis, nos peres et un jour pour nos enfans. »

« Quel est celui de nous, chers Condisciples, qui jetté au loin pour les intérêts de la République, ou pour sa propre fortune, revenu enfin dans ce séjour, ne porte ses premières idées sur cette allée que nous allons créer, et qui ne dise, allons voir l'arbre que j'y ai planté dans mon enfance. Alors assis sous l'ombrage épais de cette tige qui s'élévera dans les airs, quels doux souvenirs viendront l'environner? il se rappellera les jeux de son enfance et les amis que son cœur a choisis. Il ne vous oublira pas, vous maîtres pleins de zele et d'amour pour nous: il se rappellera tous les soins, toutes les peines que vous vous êtes données pour lui, et si vous entendez les effusions de ses sentimens, ce sera alors que vous pourrez dire, la reconnaissance aussi, a germé dans leurs cœurs. »

« Que d'attraits nous offrent donc cette solemnité champêtre. Le premier besoin connu, le premier plaisir des hommes, sont les travaux de la campagne. C'est un hommage qu'ici nous rendons à la nature et au premier art de la société humaine. Nature! Nature! Que de merveilles tu produis, plus l'on te contemple, plus l'on te trouve belle, jamais l'on ne se lasse de te considérer; l'œil est bientôt rassasié des ornemens que l'art produit, mais les eaux, les bois ne le fatiguent jamais. Là, tout ce qu'il rencontre est grand, tout ce qu'il voit est enchanté. Ce n'est pas au milieu des villes que l'on apprend à te connaître, c'est dans les campagnes, c'est là que l'on goute une véritable volupté, c'est là que l'on respire un air pur, c'est là enfin que l'on trouve le bonheur. »

« Chers Condisciples, les anciens Romains après avoir triomphé, venaient planter des arbres dans leurs champs; plantons aussi des arbres, en attendant que nous puissions comme eux faire triompher la République. »

Par l'Éleve ABRIAL, *âgé de* 15 *ans.*

Un Eleve a lu les stances suivantes.

MA muse, encor novice, ose aujourd'hui chanter,
Ces arbrisseaux chéris que nos mains vont planter.
Cérès ! répands sur eux tes faveurs bienfaisantes,
Et nourris de tes sucs leurs racines naissantes!

BIENTÔT, lorsque Phébus ranimant ses rayons,
Aura de nos ormeaux fait ouvrir les boutons,
Ensemble nous viendrons, sous leur épais feuillage,
Admirer du printemps la verdoyante image.

VENEZ, petits oiseaux, quittez ces bois déserts,
Venez en ce vallon former vos doux concerts;
Viens, caressant zéphyr, accordes ton murmure,
A leurs tendres accens, qui charment la nature.

Par l'Eleve DUVERGER-VILLENEUVE
âgé de quatorze ans.

Un autre Eleve a lu le discours suivant.

LA fête champêtre qui nous rassemble aujourd'hui ne pouvait avoir un objet à la fois plus riant et plus utile. Admirateurs de la nature, nous nous empressons de lui rendre les ornemens qu'elle a perdus. Cette occupation fut celle des Sages, des Héros et leur fit gouter un bonheur qu'ils n'avaient pu rencontrer dans le tumulte de la guerre, ni dans l'oisiveté des villes.

BIBLIOTHÈQUE IMPÉRIALE IMPR.

La mere libérale qui nourrit tous les êtres, nous récompense avec prodigalité des soins que nous lui donnons. Ces tiges que vous allez planter, reconnaissantes de ce bienfait vous offriront sans-cesse une foule de plaisirs purs et innocens ; dans vos jeux leur épais feuillage vous défendra des rayons ardens du soleil : sous leurs voûtes séjour de la fraîcheur, vous apprendrez quelquefois à goûter les douceurs de la solitude, de ce sentiment délicieux qui pénetre notre âme à la vue des sublimes ouvragès de la uature. Enfin au milieu de vos divertissemens, l'heureuse fécondité de ces arbres élevés par vos mais vous présentera une image vraie et frappante de vos devoirs envers la Patrie. C'est vous qu'elle a particuliérement adoptés, c'est vous dont elle se plait à cultiver la jeunesse. Qu'un jour vos talens et vos vertus lui servent d'ombrage et soutiennent la gloire dont elle s'est couverte en reprenant ses droits et sa liberté. Ce n'est pas seulement pendant votre séjour dans cet heureux établissement, que vous jouirez du fruit des agréables travaux auxquels vous vous livrez aujourd'hui. Que de souvenirs enchanteurs, lorsque devenus citoyens vous viendrez revoir les lieux où se seront écouleés tranquillement vos premieres années? En appercevant votre nom tracé sur l'arbre que vous aurez planté, votre âme attendrie ne se reportera-t-elle pas au temps où, libres d'inquiétudes, et de soins vous ne songiez qu'à orner votre esprit de connaissances utiles et à développer votre corps par des exercices que la joie animait toujours. Ne vous rappellerez-vous pas ces fidels amis, confidens des plaisirs et des légères peines de votre âge; ces guides sages et éclairés, qui après avoir parcouru la carriere avec gloire, vous montrent le but où ils ont été couronnés : et lorsque les bienfaits de la République viendront se repeindre fortement à votre mémoire, ne vous emflammeront-ils pas d'une noble ardeur, ne vous engageront-ils pas à vous dévouer pour elle et à lui consacrer tous les biens que vous en aurez reçus.

Par l'Eleve NICOD, *agé de 15 ans.*

Le chœur a repris une chanson sur l'air du VAUDEVILLE DES VISITANDINES :

DANS cette aimable solitude,
Où nous passons nos doux loisirs,
Exempts de toute inquiétude,
Et nous adonnant aux plaisirs; (*bis.*)
Nous verrons bientôt la verdure,
Orner de nouveau ces vallons,
Et les arbres que nous plantons
Se décorer de leur parure. (*bis.*)

Bientôt les doux présens de Flore
Vont satisfaire nos désirs,
Et toutes les fleurs vont éclore
Au tendre souffle des zéphyrs; (*bis.*)
Dans ces lieux déjà la nature
Prédit le retour du printemps,
Et nos arbres, dans peu de temps,
Seront ornés de leur parure. (*bis.*)

Abandonnant les bois sauvages,
L'oiseau planera dans les airs,
Et, s'abattant sous leurs feuillages,
Nous charmera par ses concerts; (*bis.*)
Nous verrons alors la verdure
Embellir nos bosquets chéris,
Et nos arbres, toujours unis,
Se décorer de leur parure. (*bis.*)

De tous ces arbres le feuillage,
Va pousser en s'entrelaçant;
Et nous présentera l'image
De notre tendre attachement; (*bis.*)
Nos noms gravés sur la verdure,
Auprès des noms de nos amis,
Verront nos arbustes chéris,
Se décorer de leur parure. (*bis.*

Par l'Eleve Binet, *âgé de seize ans.*

Le discours suivant a été lu.

Nous sommes au moment, chers Condisciples, où chacun de nous va s'empresser de confier à la terre un arbre qui prend aussitôt le nom de son jeune bienfaiteur. Les arbres, mes amis, sont l'emblême de notre jeunesse, ils croissent et nous croissons ensemble; une main laborieuse prend soin de leur enfance; et nous, semblables à eux, ne sommes-nous pas protégés par des génies bienfaisants: mais un jour ces ormeaux récompenseront par leurs feuillages qui fera l'ornement de nos bosquets, la main qui par ses soins vigilans les aura préservés des périls. Nous les imiterons encore, notre esprit ne restera point stérile, il rapportera quelques fruits qui seront peut-être de quelqu'utilité à nos semblables.

Mais quel plaisir ne goûtera pas celui qui après une longue absence reverra ces lieux chéris et l'arbre que sa main aura planté. Puisse-je un jour apres avoir payé une partie de ma dette à la société, puisse-je venir respirer le frais à l'ombre du compagnon de ma jeunesse! j'y serai entourrédes arbres chers à mes amis: leur union formera un bosquet dont l'ombre me rappellera des souvenirs qui me seront toujours chers. C'est là, me dirai-je qu'exempt de toute inquiétude, éloigné de tout péril, au sein de l'amitié, j'ai passé les beaux jours de ma jeunesse, c'est là que j'ai reçu une instruction aussi douce qu'agréable: les préjugés qui obscurcissaient l'esprit, étaient alors tombés, les yeux étaient désillés. Vous n'avez pas joui de ce bonheur, vous qui nous le prodiguez, vous n'etiez pas nés dans cet âge d'or : vous n'aviez jamais dans votre enfance éprouvé un plaisir semblable à celui que vous nous faites gouter, vous qui êtes plutôt nos amis que nos maîtres. Mais heureusement pour nous et pour la postérité, vous avez contribué à découvrir, à abolir tant d'erreurs; alors je vous en rendrai un sincere témoignage de reconnaissance.

Mais que ce jour ne soit consacré qu'à la joie, réjouissons-nous, mes Amis, que l'allégresse brille aujourd'hui, ne pensons qu'au plaisir qui doit accompagner cette fête champêtre, plantons, et bientôt quand la tiede haleine du zéphir raménera le printemps et viendra réchauffer la nature, nous verrons nos arbrisseaux se couvrir de verdure et nous prêter leur ombre hospitaliere.

Par l'Eleve JULIEN, *agé de 16 Ans.*

Les Eleves ont saisi vivement l'ingénieux apologue de l'Amandier et du Murier, par lequel le Citoyen CAMBRY *avoit terminé son discours. Ils ont exprimé le désir de voir ces deux arbres plantés par deux d'entr'eux, et l'assemblé s'est rendue avec plaisir à leur vœu. Deux Eleves agés de 12 ans, qui se sont fait remarquer par leur amabilité et leur application, ont été choisis : ils ont planté ensemble les deux arbres, tandis que le chœur chantoit les couplets suivans.*

Air, Femmes voulez-vous eprouver.

Salut, arbres verts et charmans,
Dont le printemps commence à peine ;
Puissent les zéphyrs bienfaisans,
Vous rafraîchir de leur haleine !
Croissez au gré de nos désirs,
Portez au loin votre feuillage ;
Et, témoins de tous nos plaisirs,
Prêtez-leur un utile ombrage. (*bis.*)

Aimons les arbres, les forêts
Du lieu qui nous donna naissance ;
Que l'aspect des ombrages frais,
Nous attache au sol de la France !
Le Lapon chérit l'antre creux,
Dont les frimats font la parure :
Combien doivent plaire à nos yeux,
Nos champs, qu'embellit la verdure! (*bis.*)

Ces gazons jadis cultivés,
Pour le crime et pour l'opulence,
En ce beau jour sont réservés,
Aux simples jeux de votre enfance ;

Vous devez ces plaisirs touchans,
Aux soins d'une mere chérie ;
Aimez-la donc, jeunes enfans,
Cette mère, c'est la patrie. (*bis.*)

Par l'Eleve LEBRUN, *âgé de douze ans.*

Les quatre cents pieds d'arbres donnés par le Ministre de l'intérieur étoient placés pres de celui de la Liberté. Chacun des Eleves s'est avancé et en a pris un. Tous se sont avancés sur plusieurs lignes vers les trous qui étoient préparés. Au signal donné par la musique, tous les Arbres ont été élevés, placés et alignés, pendant que le chœur chantoit l'hymne suivant.

AIR, DU CHANT DU DEPART :

TANDIS que nos guerriers, brisant les fers du monde,
Couvrent de gloire leurs drapeaux ;
Elevés par les arts, dans une paix profonde,
Vous unissez jeux et travaux.
Ces arbres vont, dès leur jeune âge
Payer vos soins et profiter ;
Qu'ils soient à jamais votre image ;
Comme eux sachez vous acquitter.

Du sol français, plantes nouvelles,
La patrie a sur vous les yeux :
Montrez-vous ses enfans fideles,
Un jour répondez à ses vœux.

LES ELEVES.

Du sol français, plantes nouvelles,
La patrie a sur nous les yeux :
Nous serons ses enfans fideles ;
Oui, nous répondrons à ses vœux.

Les fougueux, fils de l'air, sur ces tiges naissantes,
En vain s'élancent déchaînés :
Elles bravent l'effort des tempêtes bruyantes,
Et des élémens conjurés.
Défendus par leur ombre amie,
Ces doux champs doivent s'embellir :
Tels pour le bien de la patrie,
Vous devez et vivre et mourir.

Du sol français, etc.

LES ELEVES.

Du sol français, etc.

Ces rameaux s'étendront sur de riantes plaines,
Jadis en proie à des tyrans ;
D'ici l'œil reconnaît à leurs cîmes hautaines,
Des rois les palais insolens.
Rêvez par fois sous ce feuillage,
Aux jours d'opprobre et de douleur ;
Envous de l'antique esclavage,
Vous sentirez croître l'horreur.

Du sol français, etc.

LES ELEVES.

Du sol français, etc.

D'ici l'œil voit encor la cité glorieuse,
Le berceau de la Liberté ;
Hélas ! par les fureurs d'une horde odieuse,
Ce berceau fut ensanglanté.

Des maux de l'affreuse anarchie,
Des crimes de tout oppresseur,
Sauvez, pendant toute la vie,
Votre pays et votre cœur.

Du sol français, etc.

LES ELEVES.

Du sol français, etc.

QUELS touchans souvenirs, lorsque blanchis par l'âge,
Vous verrez ces troncs respectés !
Vous viendrez de plaisir pleurer sous leur ombrage,
Disant : *nous les avons plantés.*
Vos successeurs, bouillans de zele,
Diront de vous : *ils furent bons.*
Où choisir un plus beau modele ?
Ce qu'ils furent, nous le serons.

Du sol français, etc.

LES ELEVES.

Du sol français, etc.

Par le C. LANDRY, *Professeur de Mathématiques.*

Les Eleves alors se sont rendus à un modeste banquet que les parens des Eleves, plusieurs citoyens, les instituteurs et les Administrateurs ont bien voulu partager; un Citoyen a chanté l'hymne suivant.

AIR, FEMMES VOULEZ-VOUS EPROUVER:

DES murs bâtis par Amphion,
Vous ressuscitez la merveille;
Et comme lui, fils d'Apollon,
Vous obtenez gloire pareille :
Vous décorez ce lieu charmant,
D'une mobile architecture,
Et vous éleyez, en chantant,
Un double rempart de verdure.

POURSUIVEZ, Emiles nouveaux,
De ces lieux premiere parure,
Par vos jeux et par vos travaux,
Rendez hommage à la nature;
Fêtez les beaux-arts tour-à-tour,
Le Prytanée en est l'asyle;
Mais des arts songez qu'en ce jour,
Vous honorez le plus utile.

VOYEZ tous ces arbres jumeaux,
Que sépare un même intervale,
Libres et fiers, de leurs rameaux
Etaler la beauté rivale.
Bientôt leurs fronts, voisins des Cieux,
Feront admirer leur feuillage,
Et bientôt, protégés par eux,
Vous jouirez de leur ombrage.

TELLE, enfans de la Liberté,
Brillant espoir de la patrie,
Sous son niveau, l'Egalité,
Vous place au sentier de la vie;

Ainsi vos efforts généreux,
Feront croître lauriers sans nombre;
Et, plus que nous, un jour heureux,
Vous reposerez sous leur ombre.

Parmi ces rejetons naissans,
Quel arbre aux rameaux plus augustes!....
Amis, ranimez vos accens:
Prosternez-vous, faibles arbustes,
Fuyez, autans impétueux:
De nos droits adorable emblême,
Cet arbre est immortel comme eux,
Comme eux il est sacré luimême.

Par le C. Luce, Professeur de Littérature.

Tout d'un coup un inconnu se présente: il est habillé en courrier, il paraît revenir d'un long voyage, il marque beaucoup de surprise de tout ce qui se passe autour de lui: il demande ce que fait toute cette jeunesse dans ce château et ce parc qui appartiennent au prince de Condé; où il a été élevé et où il élevait toute sa famille. On croit reconnaître le prince de Condé lui-même sous ce déguisement. Celui-ci s'approche d'un Eleve qui portait un toast à la République, et lui dit,

Sur l'Air de la Pipe de Tabac:

CONDÉ.

Mon ami, quelle est donc la fête
Qu'on célèbre dans ce château:
A la gaîté chacun s'apprête,
Est-ce pour un succès nouveau? (*bis.*)

L' ELEVE.

UNE jeunesse intéressante,
Espoir de la postérité ;
Avec ivresse, aujourd'hui plante,
L'arbre heureux de la Liberté. (*bis.*)

CONDÉ.

MAIS de Condé dans cette terre
Mes yeux ont vu briller la cour :
S'il revenait, comme il l'espere !...

L' ELEVE.

EN attendant ce grand retour, (*bis.*)
Les Eleves du Prytanée,
Dans ces vergers, sur ces tapis,
Viendront chaque jour de l'année,
Cueillir ses fleurs, manger ses fruits. (*bis.*)

CONDÉ.

SAVEZ-VOUS donc que c'est lui-même
Qui vous parle dans ce moment ?

L' ELEVE.

CONDÉ ! ma surprise est extrême !
Condé ! sous ce déguisement ! (*bis.*)
Grand Dieu ! quelle mésaventure !
Pour un héros, c'est trop d'affronts !
Quoi ! vous voilà comme un Mercure,
Avec des aîles aux talons ? (*bis.*)

CONDÉ.

QUOI! mes jardins, mon château même!
Où j'élevais tous mes enfans ;
Où ces appuis du diadême
Passaient les plus heureux momens. (*bis.*)
On m'a tout pris : ah! quelle audace!
Mes bois où je chassais l'été.

L'ELEVE.

ON chasse ici ; mais on en chasse
Les amis de la royauté. (*bis.*)

CONDÉ.

CONTRE ta République impie,
Je marche avec l'empereur Paul ;

L'ELEVE.

JE ris des soldats de Russie,
A plat ventre rasant le sol (1), (*bis.*)
Le Piémont a fait la bascule ;
Et Naples vient de succomber.

CONDÉ.

JAMAIS le Russe ne recule.

L'ELEVE.

EH bien! nous le ferons tomber. (*bis.*)

---

(1) La Cour de Vienne a beaucoup admiré les Cossaques qui se battent le ventre à terre : ce qui doit produire un bel effet dans la boue.

CONDÉ.

JE vais commander mon armée,
Pour venger le pape et les rois,
Votre République alarmée,
Retentira de mes exploits. (*bis.*)

L'ELEVE.

DÉPÊCHEZ-VOUS, car le temps presse,
Réunissez vos commandans :
On dit que vous avez en caisse (1),
Au moins quarante régimens. (*bis.*)

CONDÉ.

JE soutiendrai, quoiqu'on en glose,
De mes aïeux l'illustre nom,
L'Anglais servira notre cause,

L'ELEVE.

COMME il l'a fait à Quiberon. (*bis.*)
De proche en proche on vous repousse,
Du Nord vous bravez les glaçons;
Eh bien ! encore une secousse,
Et vous fuirez chez les Lapons. (*bis.*)

CONDÉ.

MAIS pour élever votre enfance,
Est-il encor quelque Rhéteur ?

---

(1) Allusion à l'estampe et à la piece où le prince de Condé est représenté tirant d'une caisse quarante régimens, et les faisant manœuvrer sur sa table.

L' E L E V E.

Pour le talent et la science,
Nous avons notre directeur (1). (*bis.*)
Traducteur docte, autant qu'aimable,
Et couronné par le succès,
C'est à son zele infatigable,
Que nous devons tous nos progrès. (*bis.*)

L' E L E V E.

Nos tuteurs sont aussi nos peres,
L'un est un sage magistrat (2),
Le second sait l'art des affaires (3)
L'autre administre avec éclat (4): (*bis.*)
Amant des arts qu'il idolâtre,
Affable et gai, quoique savant,
Un jour sur un plus grand théâtre,
On pourra juger son talent. (*bis.*)

L' E L E V E.

Il manque à nos banquets civiques,
Un magistrat qui maintenant (5),
Organise les Républiques,

---

(1) C. Champagne, membre de l'Institut national et directeur du Prytanée Français.

(2) C. Lefebvre-Corbinnieré, juge au Tribunal Civil, administrateur du Prytanée.

(3) C. Laudigeois, notaire, idem.

(4) C. Cambry, administrateur du département de la Seine, idem.

(5) C. Abrial, commissaire du directoire près le Tribunal de Cassation, et maintenant en mission à Naples.

Que les Français font en passant. (*bis.*)
Un autre aux rives de la Dyle (1),
Saisit vos biens comme émigré,
Sa mission est très-utile,

CONDÉ.

Ma foi, je lui sais fort bon gré. (*bis.*)

L'ELEVE.

Allez, quittez, prince en délire,
De Vanvres le sol enchanté,
Où maintenant chacun respire
Sous les lois de l'égalité; (*bis.*)
A ce mot qui nous intéresse,
Je vous vois fuir épouvanté! (*Condé s'enfuit.*)
Fuyez donc.... nous, chantons sans cesse,
Vive à jamais la Liberté! (*bis.*)

Par le C. LESIEUR, *Econôme du Prytanée Français.*

On a porté des toasts à la gloire de la République, à l'union de tous les citoyens, et surtout de la jeunesse française, pour défendre la Constitution de l'an trois, au respect de la jeunesse pour les Autorités constituées, et surtout le Corps Législatif et le Directoire: au Ministre de l'In-

(1) C. Hourier-Eloi, administrateur des domaines nationaux, en mission dans la Belgique, pour la rentrée des biens nationaux.

térieur, qui, dès son enfance, a honoré la philosophie et les beaux arts pas ses talens : aux succès naissans de la jeunesse française.

Les Eleves ont promis, avec sensibilité, de profiter du bienfait inestimable de l'éducation que leur donne la République : d'être bons, moraux, d'aimer leur Patrie, d'honorer leurs parens, leurs magistrats, leurs maîtres ; de soigner l'arbre qu'ils ont planté, de se livrer aux travaux de l'agriculture et de la botanique, qui contribueront à leur santé et à leur instruction, et dans quelqu'état qu'ils se trouvent un jour, ou simples citoyens, ou magistrats, ou militaires, de respecter invariablement et de protéger les productions de la terre, soit agricoles, soit rurales.

Les parens des Eleves, et les Citoyens présens, ont invité l'Administration à faire imprimer les différens morceaux de prose et de vers qu'ils avaient entendus. Les Eleves ont également prié qu'on inscrivit à la suite le nom de tous les Eleves qui avaient assisté à cette solemnité civique, et qui avaient planté des arbres, comme un gage qu'ils tiendraient exactement les promesses qu'ils avoient faites. L'Administration a ordonné l'impression.

Eleves suivants les cours de Médecine.

Laurain aîné, Laurain cadet, Arrault, Vanier, Allard, Hay, Lacroix, Fourot, Obeut, Desmazieres, Daniel, Deshayes, Devilliers, Levacher, Angot, Daillez aîné, Daillez cadet.

Eleves suivant les cours de l'Ecole Polytechnique.

Delille, Bague, Bourdon, Migneron, Walther, Grulet, Jeulain, Gresset aîné, Thuillier, Lasnon, Vallée, Valazé.

Eleves des Langues Orientales.

Lebrun aîné, Andrea, Desgranges, Joinnard, Cardin, Gilly, Tancoigne, Edouard Dillon, Lambert, Anguis, Brival, Alquier.

Eleves des Cours de Mathématiques et Physique expérimentale à l'Ecole centrale.

Martin, Sevestre aîné, Alexandre aîné, Parizot, Lamblardie, Beyerlé, Bosquillon, Chaumont, Ballin, Royer, Heuzé, Manoury, Saint-Quentin, Partiot, Bussy, Julhes, Lecocq, Pion, Monnier, Verne, Morlot aîné, Guillebon aîné, Guillebon cadet, Doulceron, Rousselin, Fromentin, Valée cadet, Calon, Faucon, Ricot, Jabin, Timbal, Clavieres, Carteaux aîné, Rougier, Bosc.

Éleves des Cours de Langues anciennes, Littérature, Histoire, et Histoire Naturelle à l'Ecole centrale.

Nicod, Gibbon, Briere, Duchemin, Jouannin, Binet, Dubourg, Aubert, David, Julien, Gérard, Abrial, Brissot aîné, Villemaret, Mottet, Moncarville, Dupuis, Oguer, Bochet, Nerciat, Paulin Mahon, Lebreton, Perée, Chapuis, Morlot cadet, Morel, Devilliers, Legraverand, Desportes, Gobert aîné, Sommereux, Tacon-Bacon, Daufresnes, Peretz, Valigny, Denys, Lecourt, Huguet, Mellier, Ebrard, Levacher, Gresset, Alexandre cadet, Regnaudin, Leblanc, Desrenaudes, Deterville, Harlé, Delaune, Hollander, Auguis aîné, Bayeux, Lachauvignerie, Duverger, Gaudot, Dalvimard, Miaczinsky, Angelet, Henriet, Lemonnier, Bourdon, Gabriel Regnaudin.

Éleves des Cours de Langues anciennes, Histoire, Géographie, Morale et Dessin.

Regley, Fourcroy, Martin (de Paris), Pierret, Naudé, Dupuytren, Lechesne, Nouveau, Achille Treilhard, Demay, Mariolles, Chapuis, Junié, Lavigne, Gobert cadet, Lachapelle, Alix, Nonclair, Malleval, Collache, Clausse, Anguis, Devaux, Taupin, Philippeaux, Bacon, Cavenne, Navarre, Brissot, Binet, Pellegrain, Botti, Beck, Leballeur, Diverny, Doubigny, Damerville, Regnard, Castellan, Gibout, Lefevre, Trelon, Descot, Hochedez, Dumas, Otton, Dailly, Charles Miaczinski, Marbot aîné, Husson, Bouin, Michel, Duval aîné, Felix Mahon, Rondelet, Not, Caminade, Duchange, Ruelle, Monlien, Lamotte, Liquet, Boys, Lepredour, Vistorte, Camille, Dutocq, Ligier, Devismes, Rousseaux, Mangin, Sevestre cadet, Dumas, Quesnet, Collot, Deshameaux, Baudin, Dillon, Perin, Blanc, Durif, Lecerf, Series, Luguet, Brion, Gonjon, Ballin, Duval, Milcent, Leopold, Martel, Aubry, Parizel, Joliniere, Frion, Adam, Richard, Tellier, Menassier, Artus-Bris, Jourdain, Saint-Ange, Payen, Maguier.

Éleves des Cours Elémentaires de Grammaire, Histoire, Géographie, Dessin, Ecriture.

Mabilly, Edouard Gatteaux, Gamard, Casses, Vata, Viel, Cadet, Hattingais, Bonnefoi, Simon, Justin, Auguste Menuau, Sagnier, Hérard, Gédéon, Tersac, Treilhard, David cadet, Frédéric Hourier, Senard, Despreaux, Merlino, Coste, Lecerf, Menuau, Binant, Rivaud, Besse, Lenormand, Sancé, Gallipe, Ricard, Théodore Lebrun, Michel, Lepêcheur, Bergevin, Lemetais, Marbot cadet, Morel, Julien, Bonnet, Angot, Bénard, Lejeune, Eugene Bonnet, Dubost, Péchard, Legros, Saulnier, Dufour, Caillot, Bonvallet, Pascal, Roux, Darcq aîné, Charles Hourier, Lebreton, Deval, Villeblanche, Lehault, Guichard, Dutoya, Benaben, Pierre, Lebret, Dalbenas, Hubert, Delbée, Ballard, Duport, Lebrun, Dubois, Josse, Corneille, Chevalier, Mayr, Gilibert, Paroisse, Louchamp, Roucher, Casimir Bonnet, Lambert, Rocher, Baudin, Gardanne, Lecourçonnois, Huguet, Mollard, Lesterp aîné, Carteaux cadet, Branville, Audoin, Mondetour, Monsablon, Despreaux, Sauvat, Marbouty, Alquier aîné, Desribes, Lecourt, Casimir Lepêcheur, Borthon, Delaune, Viteau, Dupias, Adam, Ducaseau, Bourgeois, Lefebvre, Feu, Troussel, Paillet, Lenfant, Rousseau, Trouillet, Dacheux, Daret, Lavialle, Caron, Villiers, Cousin, Petitjean, Bourbier, Yves, Febvé, Arnold, Bertrand, Bonneau, Boursier, Blain, Gustave Cart, Achille Cart, Chaumel, Callois, Chery, Carré, Darcq cadet, Corvisard, Gire, Carbonnel, Favereau, Guye, Dolivera, Rosiers, Faye, Garran, Julien, Fergand, Fouasse, Gerard, Grandchamp aîné, Grandchamp cadet, Jacquemet, Larbaud, Larivoire, Martzen, Lacour, Marchand, Lebel, Deleu, Villeneuve, Leblanc, Legrand, Lesterp, Lebrun, Murat, Meunier, Potier, Olivier, Ruiné, Speu, Villeneuve, Gail, Ameil.

A Vanvres, le 16 Ventôse an 7 de la

République Française, une et indivisible, conformément à l'autorisation verbale de l'Administration.

CHAMPAGNE, *Directeur*, HEBERT, *Agent-Comptable.*

BIBLIOTHÈQUE NATIONALE

BERTRAND-QUINQUET, Imp. du PRYTANÉE FRANÇAIS, rue Germain-l'Auxerrois, N°. 53.

www.ingramcontent.com/pod-product-compliance
Ingram Content Group UK Ltd.
Pitfield, Milton Keynes, MK11 3LW, UK
UKHW032014260826
14628UKWH00005B/2483

9 782013 264099